Oetinger

Brigitte Raab · Manuela Olten

Warum muss ich das?

Von Aufräumen bis Zähneputzen

Zähneputzen schützt vor
Löchern und macht Spaß.

Aber nur mit einer
rosa Zahnbürste.

Verlag Friedrich Oetinger · Hamburg

Tina muss sich um
ihr Meerschweinchen
kümmern,

sonst zieht das
Meerschweinchen aus.

Kommt dann ein Meerschweinchen-Umzugswagen?

So ein Quatsch.

Wenn Tina den Käfig
nicht regelmäßig sauber
macht, stinkt er.

Wenn Tina dem
Meerschweinchen nicht
jeden Tag etwas zu fressen
gibt, wird es krank.

Tom muss abends rechtzeitig
zu Hause sein,

sonst bringt ihn die Polizei heim
und kann keine Räuber fangen.

Mit dem Polizeibus fahren ist bestimmt toll. Trotzdem glaube ich kein Wort.

Toms Eltern machen sich
Sorgen, wenn er abends nicht
rechtzeitig zu Hause ist.

Tom findet es gruselig, im
Dunkeln alleine nach Hause
zu laufen.

Julia muss vor der
Abfahrt in den Urlaub aufs Klo,

sonst müssen
die Eltern das
Klo mitnehmen.

Und wenn es regnet, sitze ich dann mit Regenschirm auf dem Klo. Hihi.

Wenn Julia nicht aufs Klo
geht, muss sie mit dem
Pipimachen warten, bis
ihr Papa anhalten kann.

Oder sie muss am
Straßenrand Pipi machen.

Opa ist zu schnell gefahren, weil Julia dringend
aufs Klo musste. Der Strafzettel wird teuer.

Marie muss ihr
Zimmer aufräumen,

sonst kommt
sie nur auf
Stelzen durch.

Muss Mama dann auf Stelzen einen Gutenachtkuss geben?

Das kann sie doch gar nicht!

In ihrem unordentlichen
Zimmer findet Marie Sachen
nicht, die sie sucht.

Marie ist auf ihre Puppe
getreten, als sie auf dem Boden
lag. Jetzt ist die Puppe kaputt.

Wenn so viele Sachen
herumliegen, hat Marie
kaum Platz zum Spielen.

Paul darf nicht ewig fernsehen,

sonst wächst
er auf dem
Sofa fest.

Das geht doch gar nicht. Bei euch steht kein Sofa vor dem Fernseher.

Stimmt.

Pauls Papa
sagt, dass Paul
vom vielen
Fernsehschauen
schlapp wird.
Dann will ihn
keiner in der
Mannschaft
haben.

Opa befürchtet, dass Paul
schlechte Augen bekommt.

Wenn Paul oft vor
dem Fernseher
sitzt, hat er wenig
Zeit für seine
Freunde. Dann
spielen sie ohne ihn.

Anne muss sich jeden Tag
die Haare kämmen,

sonst legt der Osterhase
die Eier auf ihren Kopf.

Das soll ein gutes Versteck sein?

Von wegen.

Wenn Anne sich nicht jeden Tag kämmt, verfilzen die Haare. Dann tut das Kämmen weh.

Annes Freundin musste die langen Haare abschneiden lassen, weil sie sich nie kämmen wollte.

Leo darf nicht
so viel Eis essen,
wie er will,

sonst friert er ein.

Leo hat sein ganzes Taschengeld
für Eis ausgegeben. Jetzt kann
er nicht mit Karussell fahren.

Leos Oma sagt, dass er von zu
viel Eis Bauchschmerzen bekommt.

Brigitte Raab, 1966 in Thierbach geboren, studierte Ernährungswissenschaft, absolvierte ein Volontariat und arbeitet heute als Redakteurin und Buchautorin.

Manuela Olten, 1970 geboren, ist Fotografin und Diplom-Designerin. An der Hochschule für Gestaltung in Offenbach am Main studierte sie u.a. Illustration mit dem Schwerpunkt Kinderbuchillustration. 2004 wurde sie mit dem Oldenburger Kinder- und Jugendbuchpreis ausgezeichnet.

Von Brigitte Raab und Manuela Olten ist bei Oetinger auch das Bilderbuch »Wo wächst der Pfeffer?« erschienen, ausgezeichnet als »Buch des Monats« der Deutschen Akademie für Kinder- und Jugendliteratur.

© Verlag Friedrich Oetinger GmbH, Hamburg 2006
Alle Rechte vorbehalten
Reproduktion: Domino GmbH, Lübeck
Druck und Bindung: Grafiche AZ, Verona
Printed in Italy 2006
ISBN 3-7891-7073-9

www.oetinger.de